Die englische Originalversion wurde 2022 unter dem Titel „Where Are All The Instruments? West Africa" by Holders Hill Publishing veröffentlicht.

©2022 by Nathan Holder

Buch Layout und Illustration by Charity Russell
Übersetzung by Sabine Zengerling

Alle deutschen Rechte vorbehalten.
©2022 by Holders Hill Publishing

ISBN 978-1-7395839-3-4

WO SIND ALL DIE INSTRUMENTE?
WESTAFRIKA

NATHAN HOLDER
ILLUSTRIERT VON CHARITY RUSSELL

Eine weitere kurze Autofahrt später erreichte die „WHY"-Truppe die Tür ohne Wiederkehr in Benin.

„Schau dir diesen langen Stock mit Ringen an. Die Ringe machen ein Geräusch, wenn du sie schüttelst und den Stock auf den Boden schlägst", erklärte Olivia. „Es heißt Alounloun!"

Die nächste Station der Gruppe war Guinea-Bissau. Sie standen vor einem Denkmal außerhalb des ehemaligen Präsidentenpalastes.

„Dieses Akonting erinnert mich an eine Gitarre", sagte Phoebe.

„Es kann drei, vier oder fünf Saiten haben."

„Lass uns zurück in den Unterricht gehen und allen zeigen, was wir gefunden haben!", sagte Phoebe aufgeregt.

„Ja!", stimmt Olivia zu. „Wir können allen zeigen, wie man diese Instrumente spielt, und ihnen von den Orten erzählen, die wir gesehen haben.

Die „WHY"-Truppe stieg in ihr letztes Flugzeug und fuhr zurück zur Schule.

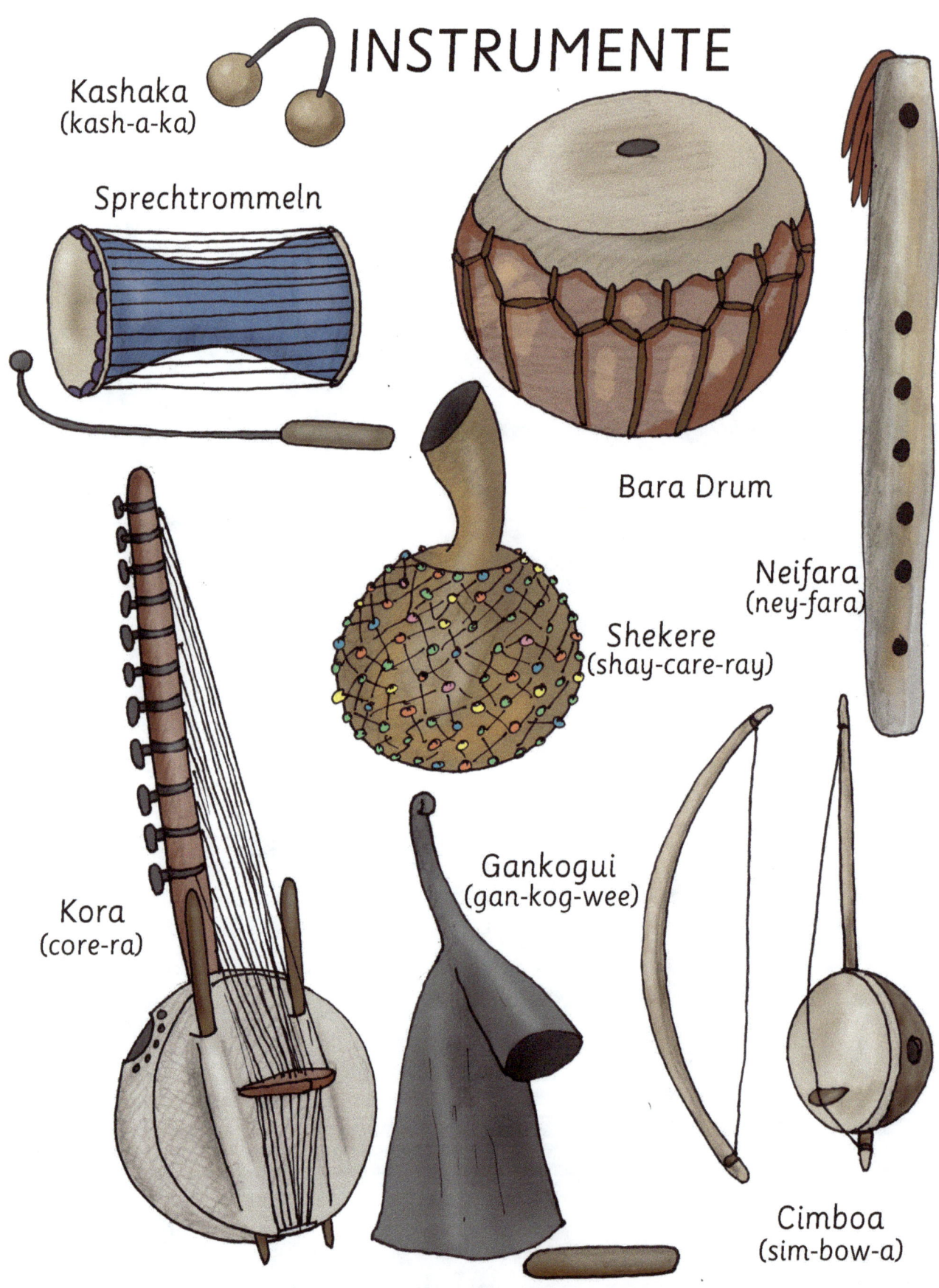

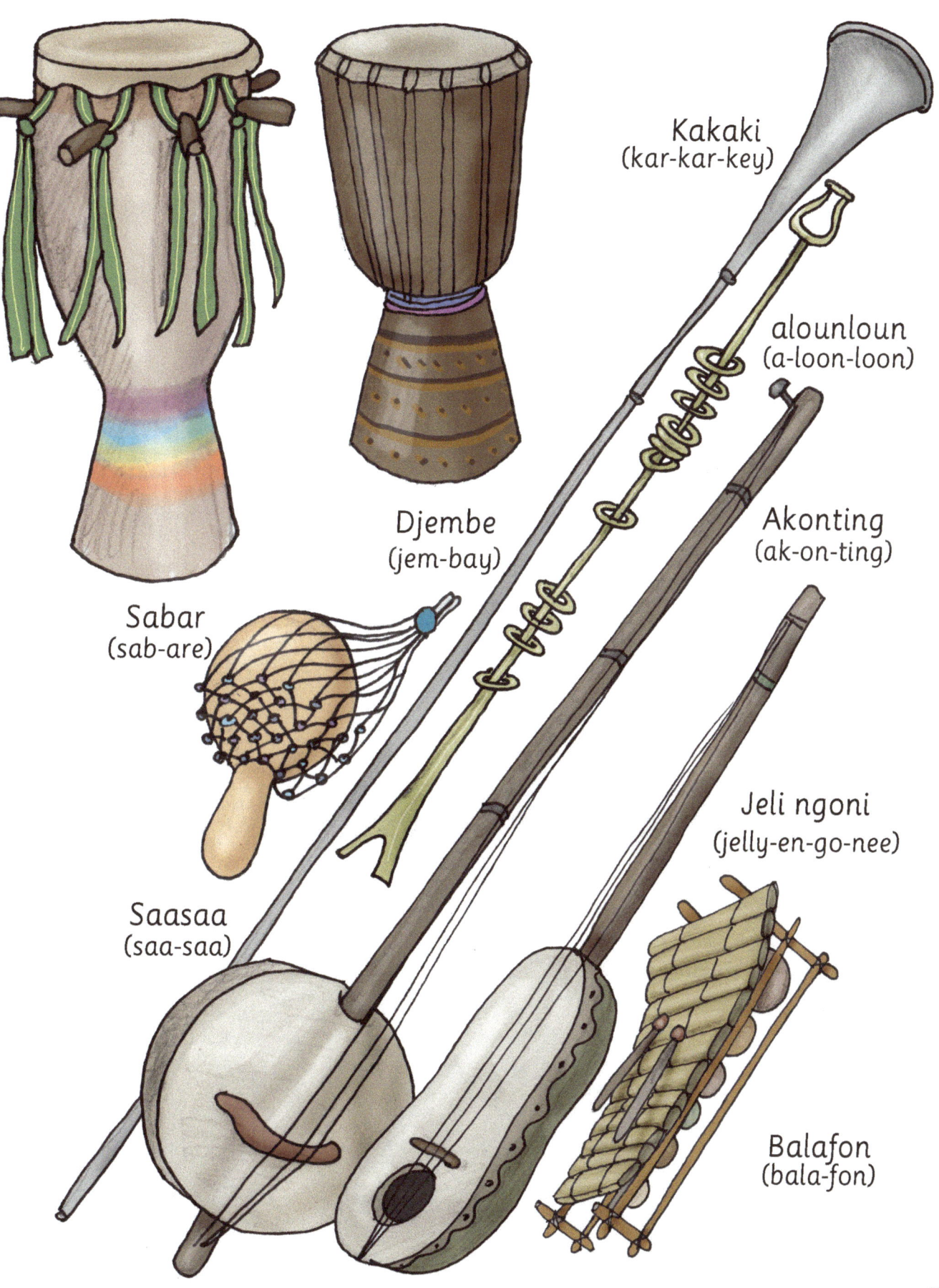

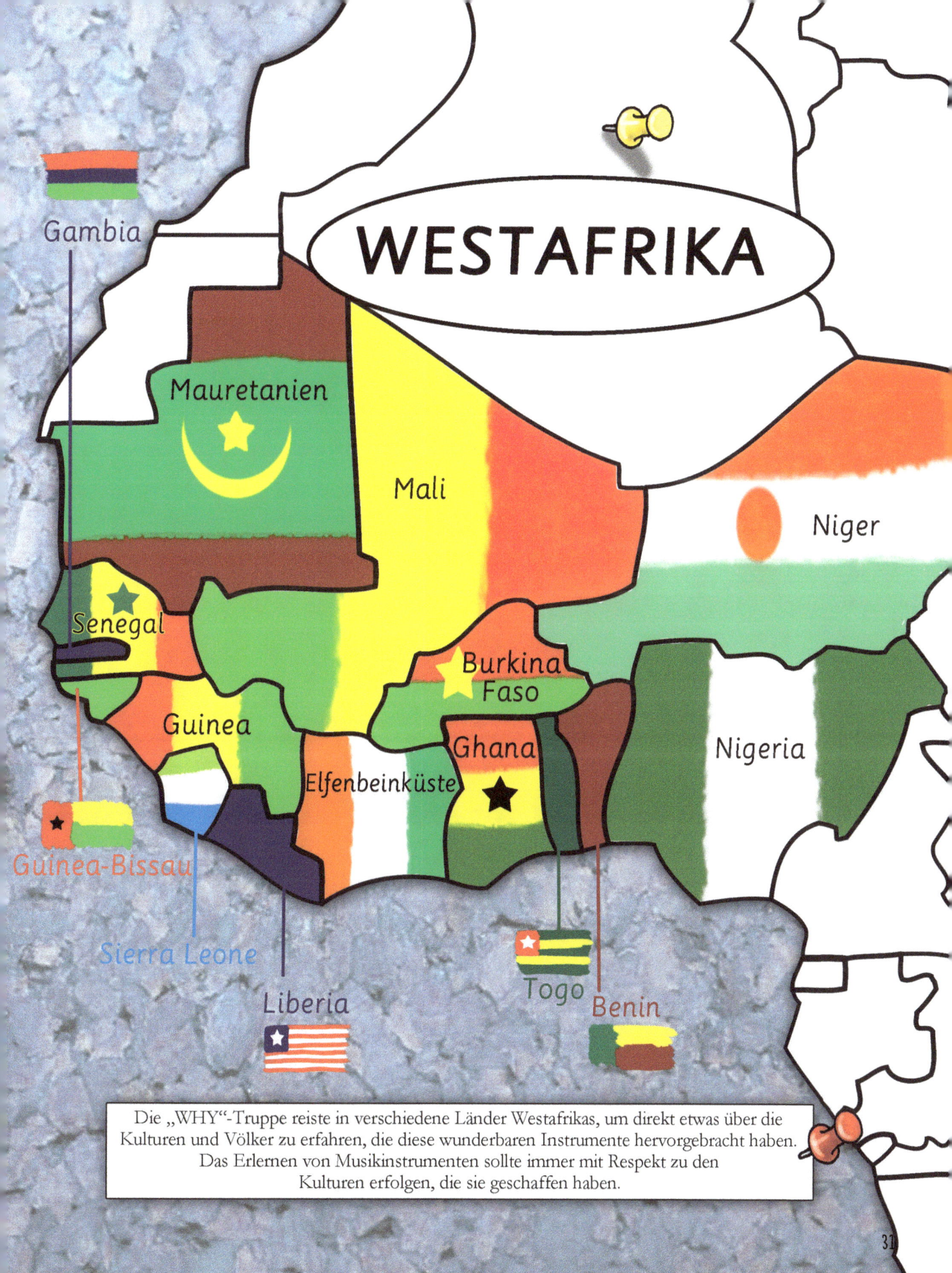

Fragen und Antworten

Kannst Du all die versteckten Instrumente finden?

Kannst Du das versteckte Alien finden?

Was ist Euer liebstes westafrikanisches Instrument?

www.ingramcontent.com/pod-product-compliance
Lightning Source LLC
Chambersburg PA
CBHW051322110526
44590CB00031B/4441